1. Lesestufe

Katja Königsberg

Die allerbesten Abc-Geschichten

Mit Bildern von
Wilfried Gebhard, Sabine Kraushaar
und Susanne Schulte

Ravensburger

Bibliografische Information der Deutschen Nationalbibliothek:

Die Deutsche Nationalbibliothek verzeichnet diese Publikation
in der Deutschen Nationalbibliografie.
Detaillierte bibliografische Daten sind im Internet
über http://dnb.d-nb.de abrufbar.

1 3 5 4 2

Ravensburger Leserabe
Diese Ausgabe enthält die Bände
„Das lustige Hexen-ABC" von Katja Königsberg
mit Illustrationen von Wilfried Gebhard,
„Mein großes Piraten-ABC" von Katja Königsberg
Mit Illustrationen von Susanne Schulte sowie
„Mein großes Indianer-ABC" von Katja Königsberg
mit Illustrationen von Sabine Kraushaar.
© Ravensburger Verlag GmbH

© 2021 Ravensburger Verlag GmbH
Postfach 24 60, 88194 Ravensburg
Umschlagbild: Pina Gertenbach
Konzept Leserätsel: Dr. Birgitta Reddig-Korn

Printed in Germany
ISBN 978-3-473-46030-4
(für die Ausgabe im Ravensburger Verlag)

www.ravensburger.de
www.leserabe.de

Inhalt

Das lustige Hexen-Abc   7

Mein großes Piraten-Abc   47

Mein großes Indianer-Abc   101

Leserätsel   154

Das lustige Hexen-Abc

Mit Bildern
von Wilfried Gebhard

Amanda kriegt abends um acht
Appetit auf Ananas.
Aber ach, sie hat nur einen Apfel.
Also ruft Amanda:
„Abrakadabra!"

Schon wird aus dem Apfel
eine Ananas.
„Ah!", ruft Amanda.
„Abends um acht ist Ananas
angenehmer als Apfel!"

Belinda sucht ihren Besen.
Sie braucht ihn unbedingt.
Wo ist bloß der Besen?
Er fiel in den Brunnen.

Die Kröte Berta bringt
Belinda den Zauberstab.
Da hext Belinda den Besen
bald aus dem Brunnen.
Beide brausen davon,
blitzschnell Richtung Blocksberg!

Celinchen spielt Cello.

Carlos hört zu.

Das Cello klingt scheußlich.

Aber Celinchen hat Carlos verhext.

„Cooles Konzert!", sagt Carlos.

D

Zur alten Dörte kommt eine Dame
mit ihrem kranken Dackel.
Dörte hackt dreizehn Kräuter.
Damit macht sie den Dackel gesund.
Der Dackel leckt
Dörte dankbar die Hand.

Elisa hat Erdbeeren gepflückt.
Ihr Kater Ede fragt:
„Essen wir endlich?"
Elisa nickt:
„Es gibt erstklassige Erdbeeren!"
„Einfach ekelhaft", sagt Ede.
„Tschüss, Elisa!"

F

Fritzchen Fledermaus klopft
bei Florina ans Fenster.
Florina sagt: „Frühstück ist fertig!"
Fritzchen Fledermaus flattert flink
durchs offene Fenster.
Wie alle Fledermäuse
frühstückt er abends.

Gretel geht in den Wald.
Hänsel geht mit.
Im Gebüsch steht ein Häuschen.
Aber, oh Graus!
Durch die Gardinen guckt
ein grässliches Weib.
Geht nicht hinein, Hänsel und Gretel!

Hanna hext Hasen aus ihrem Hut.
Hilfe! Mindestens hundert!
Hör auf, Hanna! Hex nicht so viele!
Hanna ruft: „Hokuspokus!",
und haucht in den Hut.
Hurra, da ist Schluss mit den Hasen.

Der Igel im Garten isst immer und immer
nur Würmer und Schnecken.
„Igitt!", ruft Ilsebill
und nimmt ihren Zauberstab.

„Ich hex dir daraus im Nu lieber Bonbons und Kekse."
„Igitt!", ruft der Igel und trippelt eilig in seine Höhle.

J

Jelena liebt einen jungen Jäger.
Eines Morgens im Juni
hört sie sein Jagdhorn.
Da hext sich Jelena
den Jäger ins Haus.

Er jubelt:
„Jetzt bleibe ich hier
bis zum Ende des Jahres!"
„Ja, ja", jauchzt Jelena.
„Je länger, je lieber!"

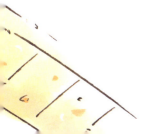

K

Katinka kocht.
Kerbelsuppe mit Krötenaugen,
Krokodilzunge mit Klößen,
Käferpudding mit Kirschsoße.
Schon kommt Kater Konrad.
„Oh, köstlich!", ruft er.
„So wie Katinka kocht keine!"

Lukas kommt in einen seltsamen Laden.
Im Lehnstuhl sitzt eine Dame
mit roten Locken.
Sie gibt ihm lauter Lakritze.
„Lecker!", lobt Lukas.
Leicht wie ein Luftballon
fliegt er hinaus.

M

Im Muschelhaus
wohnt die Meerhexe Medusa.
Um Mitternacht kriegt sie Besuch
von einer Muräne
und einem Monster
mit mehreren Armen.
Im Mondschein machen die drei
vor dem Muschelhaus
muntere Spiele.

In einer Nebelnacht nimmt Nortrud
neun Tropfen Nesselsaft ein.
Nun wird sie zur Nachteule
und verschwindet im Nebel.
Ach, Nortrud, nimm mich doch mit!
Neun Tropfen Nesselsaft
sind noch übrig.

Ole will wissen,
ob Onkel Otto ein Hexer ist.
Ole passt auf.
Eines Morgens kommt Onkel Otto
auf seinem Besen
oben zum Schornstein raus.
Onkel Otto ist also ein Hexer!

P

Tante Pauline schickt Pia
ein Postpaket.
In purpurrotem Papier
liegt ein Panther aus Plüsch.
Plötzlich schnurrt er und macht
einen Purzelbaum auf dem Papier.
Tante Pauline kann prima hexen!

Die alte Querida
geht quer durch den Wald
bis zu einer Quelle.
Dort quakt ein Frosch:
„Ach, hex mir was Lustiges!"
Da hext ihm Querida
eine kleine Mütze
mit Quaste.

R

Rita will ausreiten.
Oh weh, es regnet und regnet!
Rasch holt Rita ihr Zauberbuch
aus dem Regal und ruft:
„Rabrakadabra!"
Es regnet immer noch,
aber jetzt riesige Ratten.

Sarah und Susi sausen
auf ihren Besen zur Schule.

Da hexen sie mit ihrer Klasse sofort
supersüße Torten mit Sahne.
Später hexen sie
saumäßig schlechtes Wetter.
Zum Schluss singen sie alle
ein Lied mit sechs Strophen,
sehr schaurig, sehr schön.
Schon ist die Schule aus.
Eigentlich schade!

T

Tamara kocht Tee aus Tollkirschen für den schönen Timo.

Der war ihr nicht treu.
Timo kommt und setzt sich zu Tisch.
Tamara bringt ihm den Tee.
Timo trinkt eine Tasse.
Am nächsten Tag
ist der schöne Timo
ein hässlicher Truthahn.

U

Unten im Brunnen wohnt eine Unke,
uralt und unglaublich hässlich.
„Uh!", ruft die Unke.
„Uh, ich will einen Kuss!"

„Na gut!", sagt Ulrich
und küsst die Unke.
Und guck nur!
Aus der uralten Unke
wird eine Prinzessin,
jung und unglaublich schön.

V

Vor vier Jahren verliebte sich Vera
in einen Vampir.
Doch der machte ihr
nicht viel Vergnügen.
Den Tag verschlief er.

Bei Nacht verschwand er.
Voller Verdruss verwandelte Vera ihn
in eine Vogelspinne
und setzte ihn vor die Tür.

Wenn es Nacht wird,
warten die Wölfe auf einem Felsen
über dem Wasserfall.
Oh weh, so viele Wolken am Himmel!
Wo ist der Mond?

Wann kommt die wilde Walburga?
Schnell wie der Wind
wirbelt sie über den Wald
und pustet die Wolken weg.
Wie wunderbar heulen die Wölfe!

Xenia kann hexen, sonst gar nix.
Xenias Freund Max
hat schreckliche X-Beine.
Max sagt zu Xenia:
„Hex mir die X-Beine weg!"

Also mixt Xenia für Max
einen Hexentrank.
Fix trinkt Max ihn aus.
Jetzt hat er O-Beine
und keine X-Beine mehr.

Yvonne hat einen Besen,
der sieht aus wie ein Y.
Mal trägt er sie nach New York,
mal nach Yorkshire,
mal auch nach Yokohama –
ganz wie Yvonne will.

Die Blitzhexen Zilli und Zora
zanken sich.
„Zisch ab!", schreit Zilli.
„Zieh Leine!", schreit Zora.
Zornig zucken die Blitze.
Zum Schluss sind die zwei
ziemlich erschöpft.
Da halten sie wieder zusammen.

Mein großes Piraten-Abc

Mit Bildern
von Susanne Schulte

Am Abend segeln wir fort.
Unser Schiff heißt „Amanda".
Unser Kapitän heißt Ali.
Hört mal, wie er brüllt!
„Alle Mann an Bord?"
Aber klar sind alle an Bord!
Also dann hoch mit dem Anker!
„Amanda" macht gute Fahrt.
An Bord sind acht gute Piraten.
Alle acht lieben das Abenteuer.
Alle acht kennen keine Angst.

Ich heiße Billy
und bin der Jüngste an Bord.
Morgens backe ich Brötchen
in der Kombüse.
Mittags schrubbe ich
alle Böden blank.
Abends sitze ich
mit baumelnden Beinen
im Beiboot.
Ich bin bei allem dabei,
auf Biegen und Brechen.

In Cuxhaven essen wir
immer bei Charlie.
Bei Charlie gibt es
die schärfste Currywurst
und das beste Chili con Carne.
Die schöne Carmen bringt uns
schnell jede Menge Cola.
Da singen wir alle im Chor:
„Charlie lebe hoch
und Carmen genauso!"
Caramba, das finden wir cool!

Dort drüben sehe ich
drei Delfine.
Ich mag Delfine!
Aber der dicke Dirk
droht ihnen mit seinem Dolch.
Da nehme ich den Dolch
und werfe ihn ins Meer.
Der dicke Dirk
ist vielleicht dumm!

Ein Enterhaken muss sein!
Damit klettern wir
wie die Eichhörnchen.
Einmal entdeckten wir
in der Nähe von England
ein enormes Schiff.
Es hieß „Esmeralda"
und hatte Edelsteine geladen.
Wir enterten die „Esmeralda",
ehe der Kapitän es bemerkte.
Der Kapitän war ein Esel.

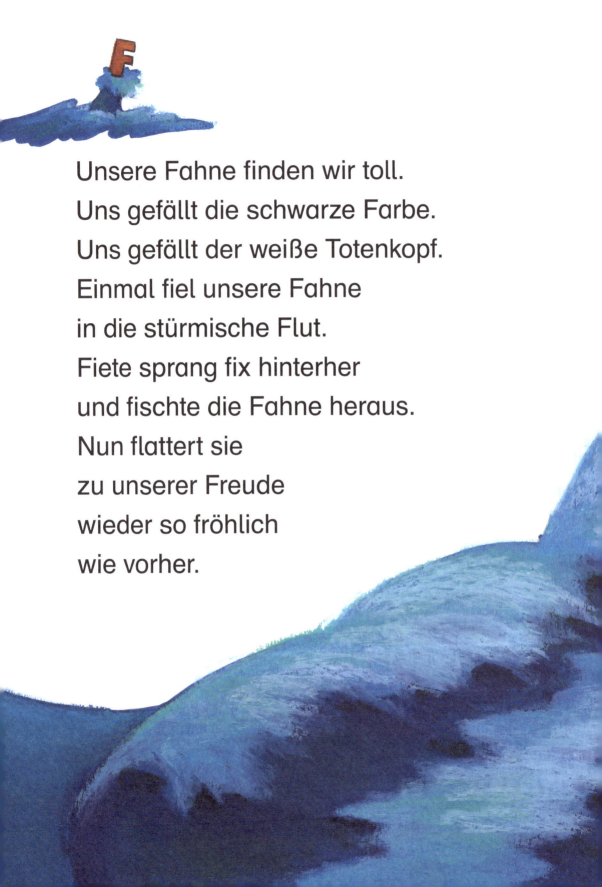

Unsere Fahne finden wir toll.
Uns gefällt die schwarze Farbe.
Uns gefällt der weiße Totenkopf.
Einmal fiel unsere Fahne
in die stürmische Flut.
Fiete sprang fix hinterher
und fischte die Fahne heraus.
Nun flattert sie
zu unserer Freude
wieder so fröhlich
wie vorher.

In Genua wollten wir
Gewürze verkaufen.
Doch wir hatten kein Glück.
Wir wurden geschnappt
und ins Gefängnis gesteckt.
Aber wir gaben
die Hoffnung nicht auf.
Wir gruben heimlich
einen Gang unter der Erde.
Gegen Mitternacht konnten wir
das Gefängnis verlassen.
Jetzt geht es uns wieder gut.

Im Hamburger Hafen
habe ich mal
ein hübsches Mädchen getroffen.
Es hieß Hilda
und spielte ganz herrlich
auf seiner Harmonika.
Beim Zuhören
verlor ich mein Herz.
Aber Hilda hielt nichts
von einem Piraten.

Einmal sichtete ich
oben vom Mastbaum aus
eine einsame Insel.
Wie immer hatte Kapitän Ali
eine prima Idee.
Im Beiboot fuhren wir hin
und vergruben dort
eine Kiste mit indischem Silber.
Wollt ihr jetzt wissen,
wo man die Kiste findet?
Irgendwo im Indischen Ozean!
Mehr verrate ich nicht.

Ja, wir sind die Jäger.

Ihr seid die Gejagten.

Jubelnd jagen wir euch

bis Jamaika.

Jetzt ergebt euch!

Jetzt her mit dem Gold!

Ihr reichen Jungs

habt ja wirklich

jede Menge davon.

Was soll euer Jammern?

Je mehr ihr jault,

umso lauter wollen wir jubeln.

Am Kap der Guten Hoffnung
kaperten wir die „Klementine".
Nach kurzem Kampf
ging der Kapitän in die Knie.
Wir fanden Kisten voller Kakao
und klauten kaltblütig,
so viel wir konnten.
Kurz entschlossen
eilte der Koch in die Kombüse
und kochte Kakao.
Der schmeckte uns köstlich.
Für den Rest suchen wir Käufer.

Lang lebe unser Kapitän Ali!
Wir lieben ihn alle.
Er ist ein toller Pirat.
Dabei kann er nicht einmal
lesen und schreiben.
Neulich rief er:
„Löwen in Sicht!"
Wir liefen schnell an die Reling.
Doch leider waren
die Löwen nur Möwen.
Da lachten wir laut.

Im Monat Mai
kaperten wir die „Melissa".
Der Kapitän hieß Maxi.
Als wir ihn
an den Mastbaum banden,
verlor er die Mütze.
Mannomann!
Maxi war ein Mädchen!
Wir mochten Maxi
und nahmen sie mit.
Seitdem gehört Maxi
zu unserer Mannschaft.

Bei Nacht und Nebel
enterten wir die „Neptun".
Na so was!
Niemand an Bord!
Nur Ratten und Mäuse!
Die hatten Hunger.
In ihrer Not hatten sie
das halbe Schiff weggenagt.
Noch in derselben Nacht
steuerten wir die „Neptun"
nach Neapel
und ließen die Nager an Land.

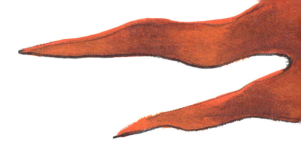

Oft sitze ich
hoch oben im Mastkorb.
Ich halte dort Ausschau.
Ob Land in Sicht ist.
Ob ein Schiff kommt.
Oder ein Sturm.
Ich halte die Augen offen.
Sogar in der Nacht.
Morgens seh ich
im Osten die Sonne.
Oh, toll!

Pepe heißt mein Papagei.
Er kommt aus Peru
und hat prächtige Federn.
Pepe plappert ohne Pause:
„Prost, Piraten!
Reicht mir die Pulle!
Dann gibt Pepe euch Küsschen."
Ich finde Pepe sehr putzig.
Am liebsten hätte ich
noch einen Papagei.
Dann hätte ich ein Pärchen.

Unser Quartermeister
heißt Quentin.
Wir nennen ihn
Quentin, die Qualle.
Was er berührt,
will er behalten.
Er kommt aus Quebec.
Meist ist er quietschfidel.
Einmal fragte ich ihn:
„Hast du nie Heimweh
nach Quebec?"
Quentin sagte:
„So 'n Quatsch!"

Im Roten Meer
rammten wir ein Riff.
Zehn Fässer Rum
rollten über die Reling.
„Lasst sie rollen!",
rief unser Kapitän.
Wir refften die Segel und
nahmen stattdessen die Ruder.
Richtig!
Das war unsere Rettung.
Bald hatten wir das Riff
im Rücken.

In Schanghai hatten wir
Seide geladen und segelten
bei sanfter Brise nach Süden.
Da kam ein Sturm
und zerfetzte unsere Segel.
Was sollten wir tun?
Wir holten die Seide
und nähten neue Segel daraus.
Sobald der Sturm nachließ,
segelten wir weiter nach Süden.

Tod und Teufel!
Jetzt wird geteilt.
Der Taugenichts Theo
steckt die tollsten Teile
Tag für Tag
in die eigene Tasche.
Kapitän,
du musst was tun!
Theo verdient einen Tadel,
vielleicht sogar
eine Tracht Prügel.

Unten im Meer
treibt ein uraltes Ungeheuer
sein Unwesen.
Es ist unglaublich stark
und besitzt unzählige Arme.
Es hat schon viele Piraten
umarmt und umgebracht.
Huh! Uns allen gruselt
vor diesem unheimlichen Untier.

Vier tolle Tage
versteckten wir uns
nicht weit von Venedig.
Wir warteten auf die „Viktoria",
einen Viermaster
voller Silber und Gold.
Als sie endlich vorbeikam,
verließen wir unser Versteck.
Wir hatten nicht
vergeblich gewartet.
Die Beute machte uns
viel Vergnügen.

Wir warten auf Wind.
Wir warten und warten.
Schwer liegt die „Amanda"
im Wasser,
beladen mit Wein.
Wo bleibt der Wind?
Seht die Wolkenwand!
Da kommt ein Gewitter.
Das Segel bewegt sich.
Die Fahne weht wieder.
Oh Wunder!
Wir können weiter.

Fix müssen wir sein,
fix mit Händen und Füßen.
„Alles andere taugt nix",
sagt unser Kapitän.
Er denkt wohl an Xaver.
Xaver war einer von uns.
Aber nicht lange!
Denn Xaver schwamm
wie ein Stein
und kletterte wie eine Nixe.
Jetzt lebt Xaver in Mexiko.

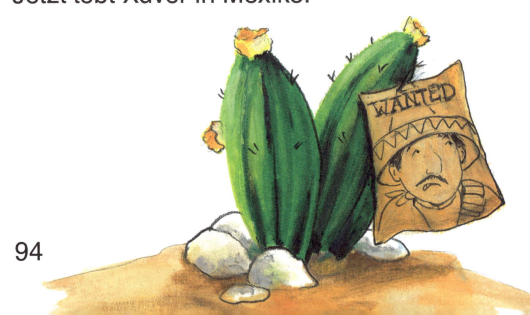

In Yokohama
nahmen wir Yannick an Bord.
Yannick hatte
jede Menge Yen in der Tasche,
sicher in Yokohama geklaut.
Yannick stammt aus New York.
Er ist also ein echter Yankee.
Eine große Kiste voller Yen
hat Yannick übrigens neulich
unter einer Yuccapalme vergraben.

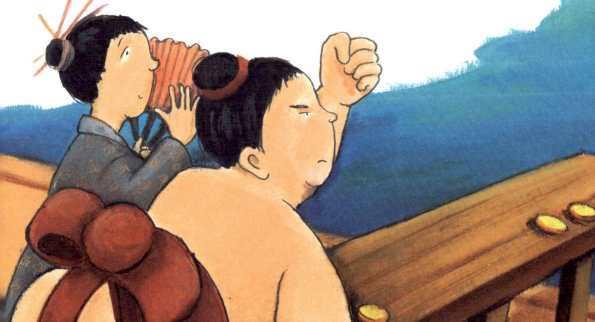

Zufrieden segeln wir heim.
Zehnmal haben wir zugeschlagen,
zehnmal Beute gemacht.
Unser Ziel ist erreicht.
Bald sind wir wieder zu Hause.
Wir freuen uns
auf unser Zuhause.
Doch zu Hause
ist uns alles zu eng.
Zwei Tage werden wir bleiben.
Dann zieht es uns
wieder aufs Meer.

Mein großes
Indianer-Abc

Mit Bildern
von Sabine Kraushaar

Am Anfang sage ich euch
meinen Namen.
Mein Name ist Adlerauge.
Ich bin Apache.
Meine Augen
sind so scharf
wie die eines Adlers.
Sie sehen alles,
was andere nicht sehen.
Mein Vater sagt:
„Adlerauge,
sei wachsam –
am Morgen und am Abend
und ganz besonders
bei Nacht!"

Mein Vater heißt Bärentatze.
Ich bewundere ihn sehr.
Bärentatze und ich
gehen mit Pfeil und Bogen
auf Büffeljagd.
Bei Sonnenaufgang
brechen wir auf.
Büffeljagd ist kein Spiel.
Wir brauchen das Büffelfell
für unsere Kleidung.
Bärentatze und Adlerauge
lieben den Bruder Büffel.

Ich kenne einen Cowboy.
Morgens isst er Chilibohnen
aus der Dose.
Mittags isst er Chilibohnen
aus der Dose.
Abends zieht er seinen Colt.
Er schießt auf
die Dosen ohne Chilibohnen.
Wenn er trifft,
wirft er seinen Cowboyhut
in die Luft und ruft:
„Cowboys sind cool!"
Da kann ich nur lachen.
Cowboys sind albern.
Indianer sind cool.

Dort drüben liegt
das Dorf der Dakota.
Da hab ich drei Freunde.
Der erste heißt:
Der mit dem Wolf spielt.
Der zweite heißt:
Der durch den Wald schleicht.
Der dritte heißt:
Der um das Feuer tanzt.
Ich treffe die drei
drüben im Dorf der Dakota.

Ich grüße die Eskimos.
Auch Eskimos sind Indianer.
Sie leben in Eis und Schnee
hoch oben im Norden.
Eskimos jagen den Seehund
im Eismeer.
Eskimos haben zwei Häuser.
Ein Erdhaus im Sommer,
ein Eishaus im Winter.
Ich würde gern einmal
in einem Eishaus schlafen.

Ein Fremder kam
in unser Dorf.
Er hatte die falschen Federn.
Wir dachten,
er wäre ein Feind.
Schon griffen wir
zu den Waffen.
Doch er fragte uns
nach der Friedenspfeife.
Wir rauchten.
Danach waren wir Freunde.

Wir glauben an Geister,
an gute und böse.
Der Geist des Gewitters
ist böse.
Wie verjagt man
den Geist des Gewitters?
Wir tanzen den Gewittertanz.
Wir singen das Gewitterlied.
Da gehorcht uns der Geist,
da geht das Gewitter.

Unser Häuptling
heißt Schneller Hirsch.
Sein schwarzes Haar
reicht bis zur Hüfte.
Auf seinem Haupt
sitzt eine Haube
aus herrlichen Federn.

Vor vielen Jahren
wollte der Stamm der Huronen
unsere Pferde stehlen.
Doch Schneller Hirsch
hat es verhindert.
Da wurde er Häuptling.

Ich bin ein Indianer,
das wisst ihr.
Wie ihr will ich spielen.
Ich spiele am liebsten
mit meinem Hund.
Der heißt Iwawa.
Er ist mein Freund,
seit ich auf der Welt bin.
Iwawa lässt mich
nie im Stich.
Ich ihn auch nicht!

Jeder Junge
träumt von der Jagd.
Ja, ich auch.
Jeder Junge
bekommt mit vier Jahren
Pfeil und Bogen.
Jedes Jahr lernt er mehr.
Ich bin schon
ein guter Jäger.

Jetzt muss ich gehen.
Mein Vater
ruft mich zur Jagd.

Komm mit zum Fluss,
kleiner Krieger!
Da liegt mein Kanu
gut versteckt
unter Kieselsteinen.
Komm und steig ein.
Mein Kanu ist so schnell
wie kein anderes.

Da vorn kommt
ein Strudel.
Hoffentlich
kentern wir nicht!

Lasst uns
am Lagerfeuer
von Lederstrumpf erzählen.
Lederstrumpf
war keiner von uns.
Aber er lebte lange
in unserem Land
und lernte alles von uns.
Lederstrumpf
war unser Freund.
Wir liebten ihn
wie einen Bruder.

Meine Mutter
macht mir Mokassins.
Mit denen kann ich
mühelos laufen.
Mit denen werde ich
vom frühen Morgen
bis Mitternacht
niemals müde.
Mit denen bin ich
so flink und leise
wie eine Maus.

Natürlich
schlafen wir nachts.
Nur die Wache
schläft nicht.
Sie nickt
nicht einmal ein.
Wirklich nicht!
Sie sitzt am Feuer
und lauscht in die Nacht.
Knackt da ein Ast?
Nein,
es nähert sich niemand.
Noch nicht!

O

Oh doch,
es gab Indianer,
die zogen von Ort zu Ort.
Es waren Nomaden.
Sie zogen
von Osten nach Westen,
von Norden nach Süden.
Oder umgekehrt!
Nomaden haben
kein festes Zuhause.
Ob das wohl schön ist?

Mein pechschwarzes Pferd
heißt Präriewind.

Pass auf,
wir preschen vorbei!
Präriewind macht
keine Pause.
Präriewind trägt mich
zum Wald.
In meinem Köcher
sind sieben Pfeile.
Ich jage den Bären.
Der hat
einen prächtigen Pelz.

Einmal ritt ich
mit meinem Vater
quer durch die Prärie.
Der Tag war heiß.
Uns quälte der Durst.
Ich jammerte leise.
„Indianer quengeln nicht!",
sagte mein Vater.

Erst abends fanden wir
im Wald eine Quelle.
Wie schmeckte
das Quellwasser herrlich!

Sie nennen mich Rothaut.
Doch das ist nicht richtig.
Meine Haut ist nicht rot.
Ich reibe nur
rote Farbe darauf
und reite den Feinden entgegen.
Da rennen die Feinde.
Riesengroß ist ihr Schreck.
Die Feiglinge rufen
nach Hilfe.
Aber ich reite
ruhig nach Hause.

Meine Schwester
heißt Kleine Sonne.
Ich schnitze für sie
eine Spange.
Diese Spange sieht aus
wie eine Schlange.
Schon ist sie fertig!
Stolz schenke ich sie
meiner Schwester.
Sofort steckt Kleine Sonne
die Spange
in ihren schwarzen Zopf.
Die Schlange soll
meine Schwester beschützen!

Seit Tagen ist
kein Tropfen gefallen.
Die Hitze ist tödlich.
Wir warten auf Tonga-Tonga,
den Medizinmann.
Jetzt tritt er in unsere Mitte.
Er trägt eine Maske.
Er schlägt die Trommel.
Er tanzt ums Feuer.
Schon fallen
die ersten Tropfen.

U

Unten im Tal
war ich mit meinem Freund Unkas
auf Spurensuche.
Im Unterholz
und um den See herum
fanden wir unzählige Spuren:
von Bär und Wolf,
von Luchs und Fuchs.
Und auch die
eines Unbekannten!
Die war uns unheimlich.

Vor einem Jahr
verjagte mein Vater
einen Verräter.
Der Verräter hatte versucht,
Feuer zu legen.
Doch mein Vater hatte
schon vorher
Verdacht geschöpft.

Nun lebt der Verräter,
von allen verachtet,
in der Verbannung.

Wie Winnetou
will ich sein.
Wachsam und wagemutig
wie er,
ein wahrer Freund,
wenn's drauf ankommt.
Auch ein weißer Mann
war Winnetous Freund.
Winnetou nannte ihn:
„Mein weißer Bruder."

Großvater erzählt
von den Xingu-Indianern.
Sie leben am Fluss Xingu
in Brasilien.
Im klaren Wasser
des Flusses Xingu
gibt es viele Fische.
Deshalb leben
die Xingu-Indianer
vor allem vom Fischfang.
Ich würde auch gern
im Fluss Xingu fischen!

Ich habe mir eine Schleuder gemacht.
Die sieht aus wie ein Y.

Indianer lieben das Y.
Zwischen dem Fluss Yukon im Norden
und Fluss Yaqui im Süden
gibt es viele Stämme,
deren Namen mit Y anfangen:
Yuki, Yamana, Yakina,
Yanomani, Yuma und Yaqui.

Zum Schluss ziehe ich mich
ins Zelt zurück.
Das Zelt ist mein Zuhause.
Mein Vater sitzt noch
mit den Männern am Feuer
zwischen den Zelten.
Meine Mutter
bringt mir Ziegenmilch.
Dann deckt sie mich zu.

Leserätsel

Rätsel 1 — **Seltsam, seltsam**

Welches Wort stimmt? Kreuze an!

Hanna hext
- ○ Hunde.
- ○ Hasen.
- ○ Handschuhe.

Die Dame gibt Lukas
- ○ Lollis.
- ○ Lebkuchen.
- ○ Lakritze.

Onkel Otto ist ein
- ○ Handwerker.
- ○ Hausmeister.
- ○ Hexer.

Rätsel 2 — **Buchstaben heraushören**

In welchen Wörtern hörst du den Buchstaben F? Kreuze an!

Ordne die Bilder den Sätzen zu!

Rätsel 3

A) Die Indianer tanzen den Gewittertanz.

B) Bärentatze und Adlerauge sind auf Büffeljagd.

C) Die Indianer rauchen Friedenspfeife.

1   2   3

Lösungen
Rätsel 1: Hasen, Lakritze, Hexer, **Rätsel 2:** Schiff, Fisch, Fass
Rätsel 3: 1B, 2C, 3A

Rabenpost

Rätsel 4 — **Rätsel für die Rabenpost**

Fülle die Lücken aus. Trage die Buchstaben in die richtigen Kästchen ein. So findest du das Lösungswort für die Rabenpost heraus!

Rita lässt

[5][   ][   ][T][   ][N] regnen. (Seite 29)

Billy ist der Jüngste an

[   ][   ][   ][3][   ] . (Seite 48)

Pepe ist Billys

[   ][   ][P][   ][G][2][   ] . (Seite 76)

Adlerauge hat drei

[1][   ][   ][U][   ][D][4]

in Dakota. (Seite 106)

Lösungswort:

1 2 3 4 5

Hast du das Lösungswort herausgefunden?
Dann kannst du jetzt tolle Preise gewinnen.

Gib das Lösungswort auf der -Website
ein oder schick es mit der
Post an folgende Adresse:

An den Leseraben
Rabenpost
Postfach 2007
88190 Ravensburg
Deutschland

Leichter lesen lernen mit der Silbenmethode

ISBN 978-3-473-**38573**-7*
ISBN 978-3-619-**14440**-2**

ISBN 978-3-473-**38563**-8*
ISBN 978-3-619-**14473**-0**

ISBN 978-3-473-**38566**-9*
ISBN 978-3-619-**14474**-7**

ISBN 978-3-473-**38576**-8*
ISBN 978-3-619-**14442**-6**

ISBN 978-3-473-**38552**-2*
ISBN 978-3-619-**14443**-3**

ISBN 978-3-473-**38095**-4*
ISBN 978-3-619-**14448**-8**

ISBN 978-3-473-**38553**-9*
ISBN 978-3-619-**14447**-1**

ISBN 978-3-473-**38572**-0*
ISBN 978-3-619-**14445**-7**

ISBN 978-3-473-**38570**-6*
ISBN 978-3-619-**14483**-9**

ISBN 978-3-473-**38565**-2*
ISBN 978-3-619-**14480**-8**

** **Gebundene Ausgabe** bei Mildenberger • **Broschierte Ausgabe** bei Ravensburger

Durchstarten und leichter lesen!

- Kurze Sätze
- Einfache Sprache
- Coole Themen

ISBN 978-3-473-36141-0

ISBN 978-3-473-49170-4

ISBN 978-3-473-49199-5

ISBN 978-3-473-36139-7

ISBN 978-3-473-36140-3

ISBN 978-3-473-36138-0

ISBN 978-3-473-46004-5

ISBN 978-3-473-46005-2

www.ravensburger.de

Lesen lernen wie im Flug!

In drei Stufen vom Lesestarter zum Leseprofi

Vor-Lesestufe
Ab Vorschule

ISBN 978-3-473-46022-9

ISBN 978-3-473-46023-6

ISBN 978-3-473-46024-3

1. Lesestufe
Ab 1. Klasse

ISBN 978-3-473-46025-0

ISBN 978-3-473-46026-7

ISBN 978-3-473-46027-4

2. Lesestufe
Ab 2. Klasse

ISBN 978-3-473-46028-1

ISBN 978-3-473-46029-8

Schneide den Stundenplan an der gestrichelten Linie heraus.
Lass dir dabei von deinen Eltern helfen.
Jetzt kannst du deine Schulfächer eintragen und den Stundenplan aufhängen.

Stundenplan

Zeit	Montag	Dienstag